오늘은 비건 샌드위치

오늘은 비건 샌드위치

초판 1쇄 인쇄 2021년 12월 1일
초판 1쇄 발행 2021년 12월 8일

지은이 박소현

발행인 장상진
발행처 (주)경향비피
등록번호 제2012-000228호
등록일자 2012년 7월 2일

주소 서울시 영등포구 양평동 2가 37-1번지 동아프라임밸리 507-508호
전화 1644-5613 | **팩스** 02) 304-5613

ⓒ박소현

ISBN 978-89-6952-486-7 13590

· 값은 표지에 있습니다.
· 파본은 구입하신 서점에서 바꿔드립니다.

VEGAN SANDWICH

오늘은 비건 샌드위치

박소현 지음

경향BP

PROLOGUE

하루 한 끼는 가볍게 비건 샌드위치 어때요?

안녕하세요. 소다 박소현입니다. 대학교 휴학생 시절, 다이어트 컨설턴트로 근무하며 하루 세 끼를 챙겨 먹는 것만으로도 많은 어려움을 겪는 분들을 만나게 되었어요. 고등학교, 대학교 7년간 요리와 식품에 대해 공부해오던 제가 이런 분들께 어떤 도움을 드릴 수 있을지 고민하다가 SNS 계정을 통해 레시피를 공유하기 시작했습니다. #다이어트식, #건강식, #1인집밥을 주제로 콘텐츠를 제작한 지 2021년 현재 4년 차가 되었네요.

SNS에서 많은 사람을 만나다 보니 자연스레 '비건'이라는 주제를 접할 수 있었어요. 제가 채식에 관심을 가지기 시작했을 때만 해도, '완벽한 비건'이라는 프레임이 씌워지던 시절이었어요. 비채식인이라고 해서 매일, 매끼 고기를 먹는 것도 아닌데, 채식인은 매일, 매끼 어떤 상황에서라도 식물성 식재료만을 먹어야 한다고 생각하는 거지요. 또한 '별난 사람', '예민한 사람'이라는 사회적 시선 때문에 모든 것을 감수할 용기가 없으니, 채식을 시도조차 않으려는 사람이 많았어요. 물론 저도 그중 하나였죠.

하지만 우연히 본 영상 하나로 생각이 완전히 바뀌었답니다. "한 명의 완벽한 비건보다 불완전한 비건 지향인 여러 명이 더 가치 있다."라는 비건 활동가의 말을 듣자 머리가 띵 하고 울렸어요. 그리고 저는 완벽한 비건 생활이 두려워 시도조차 하지 않는 사람들을 위해 일상생활에서 자연스럽게 채식을 실천할 수 있는 간단한 레시피를 공유하기로 했어요.

지금은 비건 불모지 대한민국에서 직구 또는 전국에 몇 개 없는 오프라인 비건 식품 판매처를 통해서만 구입할 수 있는 재료들이 아닌, 온라인 배송 플랫폼 또는 동네 마트에서도 쉽게 구할 수 있는 재료들을 사용하여 만드는 비건 레시피를 중심으로 활발히 공유하고 있어요. 당연히 저도 비건을 지향하며 하루 한 끼 이상은 비건식으로 섭취하고, 대체 가능한 식재료는 모두 비건 제품으로 구입한답니다.

이 책에 실린 비건 샌드위치 레시피는 구하기 어려운 식재료를 사용하지 않았습니다. 조리 방법도 전혀 어렵지 않습니다. 누구나, 언제, 어디서나 따라 할 수 있는 쉬운 샌드위치 레시피로 비건 식생활에 한 걸음 다가갈 수 있도록 구성했습니다. 저로 인해 많은 사람이 단 한 끼라도 맛있고 건강한 비건 샌드위치를 드시며 지구를 위한 한 걸음에 동참했으면 하는 바람으로 이 책을 쓰게 되었습니다.

이 책이 세상에 나오기까지 옆에서 도움을 준 소중한 가족과 친구들, 응원과 사랑을 나눠준 SNS 팔로워 분들에게 이 자리를 빌려 감사함을 전합니다.

박소현

CONTENTS

프롤로그 4

- 비건 샌드위치 재료   11
- 비건 샌드위치 재료 구매처   14
- 계량법   15
- 샌드위치 포장법   17

PART 1
비건 샌드위치 만능 속재료

- 가지 베이컨   20
- 깻잎 페스토   21
- 두유 치즈   22
- 후무스   23
- 팔라펠   24
- 토마토 소스   26

PART 2
기본 샌드위치

- ABC 샌드위치 … 28
- BLT 샌드위치 … 30
- 가지 베이컨 샌드위치 … 32
- 과일 샐러드 샌드위치 … 34
- 구운 감자 샌드위치 … 36
- 그린 샌드위치 … 38
- 길거리 샌드위치 … 40
- 단호박 샌드위치 … 42
- 데리야키 두부 샌드위치 … 44
- 딸기 아보카도 샌드위치 … 46
- 무지개 샌드위치 … 48
- 불고기 샌드위치 … 50
- 브로콜리 감자 샌드위치 … 52
- 새송이 치아바타 샌드위치 … 54
- 새송이 핫도그 … 56
- 순두부 카프레제 샌드위치 … 58
- 신호등 샌드위치 … 60
- 아보카도 템페 샌드위치 … 62
- 아보카도 포켓 샌드위치 … 64
- 양송이 감바스 샌드위치 … 66
- 언리미트 반미 … 68
- 에그마요 샌드위치 … 70
- 오이 당근 샌드위치 … 72
- 유부볶음 샌드위치 … 74
- 팽이 크래미 샌드위치 … 76
- 템페 산도 … 78
- 팔라펠볼 샌드위치 … 80
- 프루츠 산도 … 82
- 풀드포크 샌드위치 … 84
- 훈제 당근 베이글 샌드위치 … 86

PART 3
오픈 샌드위치

- 감자 당근 샌드위치   90
- 낫또스트   92
- 케일 샌드위치   94
- 땅바몬 토스트   96
- 참외 오이 샌드위치   98
- 브루스케타   100
- 사과 치즈 샌드위치   102
- 치폴레 버섯 샌드위치   104
- 여름 과일 토스트   106
- 웨이브 토스트   108
- 오렌지 루콜라 샌드위치   110
- 프렌치토스트   112
- 콘치즈 토스트   114

PART 4
그릴 샌드위치

- ◆ 가지 고구마 파니니 118
- ◆ 구황작물 파니니 120
- ◆ 그릴 베지 샌드위치 122
- ◆ 라따뚜이 샌드위치 124
- ◆ 마라 샌드위치 126
- ◆ 베이컨 그릴 샌드위치 128
- ◆ 브로콜리플라워 샌드위치 130
- ◆ 사과조림 치즈 샌드위치 132
- ◆ 샌드위치 피자 134
- ◆ 아보카도 그릴 샌드위치 136
- ◆ 언리미트 파니니 138
- ◆ 크로크 무슈 140

PART 5
글루텐 프리 샌드위치

- ◆ 고구마 버거 144
- ◆ 두부 샌드위치 146
- ◆ 밥 샌드위치 148
- ◆ 언위치 150
- ◆ 해시브라운 샌드위치 152

MATERIAL

비건 샌드위치 재료

치즈류
크림치즈부터 슬라이스 치즈, 모차렐라 치즈까지 다양한 형태의 비건 치즈가 유통되고 있습니다. 아직 대형 마트에선 찾아보기 어렵지만 헬로네이처, 마켓컬리와 같은 온라인 식료품 배송 플랫폼에서 쉽게 구할 수 있어요.

마요네즈
요즘에는 콩을 주재료로 한 식물성 마요네즈가 많이 나와 있습니다. 소이마요(오뚜기), 잇츠베러마요(잇츠베러), 건강한마요(Hav'eat) 등 시중에서 쉽게 구할 수 있지요. 마요네즈에 갖은 향신료를 더한 제품도 많으니 다양하게 활용해보세요.

두유
대부분 두유는 비건 제품이라고 생각하는데, '콜레칼시페롤'이라고 불리는 비타민 D3는 양털 또는 어류의 간류에서 추출한 성분이랍니다. 비타민 D3가 함유되어 있지 않으며 가장 쉽게 구할 수 있고 저렴한 '매일두유 99.89'를 추천합니다.

머스터드
대부분의 홀그레인, 디종, 옐로 머스터드는 비건 제품이에요. 허니 머스터드와 머스터드 소스는 꿀 또는 기타 동물성 재료가 첨가되어 있는 제품이 많으니 원재료명 및 함량을 확인한 후 구매하세요.

바비큐 소스(스테이크 소스, 돈가스 소스)

자극적인 감칠맛을 내주는 중요한 식재료예요. 스테이크 소스, 돈가스 소스와 같이 동물성 음식명으로 불리는 소스 중에도 비건 제품이 있습니다.

발사믹 글레이즈

포도를 식초로 만들어 발효해 졸인 것으로 버섯과의 조합이 아주 좋아요. 샐러드 드레싱으로도 많이 쓰입니다.

핫소스

샌드위치의 매콤한 맛을 담당하는 식재료예요. 어디서나 쉽게 구할 수 있습니다.

토마토 소스

마트에서 쉽게 구할 수 있는 제품으로는 백설 아라비아따 토마토 스파게티 소스, 하인즈 클래시코 토마토 스파게티 소스, 바릴라 파스타소스, 데체코 아라비아따 소스가 있습니다. 마켓컬리에서 파는 '콩으로, 라구'도 추천합니다.

바질 페스토

대부분의 시판 바질 페스토에는 치즈가 들어갑니다. 마켓컬리에서 판매 중인 비건 바질 페스토 제품을 추천합니다. 직접 만들어 사용해도 좋아요.

마라 소스

두반장, 해선장, 라조장 등 다양한 중국식 양념류는 비건 제품이 많아요. 이 책에서는 이금기 훠궈마라탕 소스와 라오간마 라조장을 사용했습니다.

가루류

훈제파프리카가루, 마늘가루, 강황가루, 게핏가루 등은 맛을 풍부하게 해요. 특히 훈제 파프리카가루는 훈연 향을 내주어 팔라펠, 후무스, 풀드포크 등 다양한 레시피에 사용했습니다.

잼류

다양한 과일잼과 캐슈넛잼, 땅콩버터는 샌드위치에 빠질 수 없는 식재료에요.

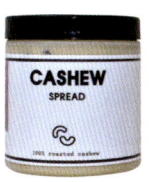 

연두

비건 레시피에 빠질 수 없는 순식물성 조미료에요. 볶음, 국물, 찜 등 다양한 요리에 소량 넣어주면 채소의 깊은 맛을 낼 수 있습니다.

대체육류

요즘에는 다양한 대체육류가 있습니다. 이 책에서는 소이너겟, 언리미트, 비건 떡갈비 등을 사용했습니다.

콩 가공품류

대체육류뿐 아니라 콩으로 만든 식품 또한 정말 다양해요. 이 책에서 만드는 방법을 소개한 후무스와 팔라펠 외에 인도네시아의 발효 음식인 템페, 일본의 발효 음식인 낫또 그리고 우리에게 친숙한 유부도 콩으로 만든 식재료입니다.

비건 샌드위치 재료 구매처

비건 샌드위치 빵

유동부 치아바타

춘천의 치아바타 맛집으로 SNS에서 입소문을 타고 있는 건강 빵집이에요. 비건 빵 카테고리가 있어 구매하기 편리합니다. 저는 치아바타, 통밀빵, 식빵을 주로 구매했어요.
▸ https://smartstore.naver.com/ydbc

밥브레드 비건빵

다양한 비건 빵을 판매하는 곳이에요. 모닝빵, 치아바타, 바게트부터 통밀빵, 캉파뉴 등 대부분의 샌드위치 빵을 이곳에서 구매할 수 있습니다.
▸ https://smartstore.naver.com/babbread

더브레드블루

서초, 신촌에 오프라인 매장이 있는 비건 빵집이에요. 온라인 스토어뿐 아니라 마켓컬리, 헬로네이처에서도 구매할 수 있어 가장 접근성이 좋습니다. 기본 샌드위치 빵뿐 아니라 피자, 케이크, 디저트도 함께 판매하고 있어요.
▸ https://thebreadblue.com/index.html

어스트리

빵과 케이크를 판매하는 비건 빵집이에요. 이 책에서 사용한 사각 식빵과 햄버거 빵은 이곳에서 산 제품입니다.
▸ https://smartstore.naver.com/earthtree

비건 제품 구매처

마켓컬리 & 헬로네이처

두 온라인 배송 플랫폼에는 비건 카테고리가 따로 있어요. 처음 비건식을 도전하는 사람도 쉽게 구매할 수 있어 좋아요.
▸ https://www.kurly.com/shop/main/index.php
▸ https://www.hellonature.co.kr/fcm000.do?goTo=main

온라인 비건 쇼핑 플랫폼

다음은 다양한 대체육류, 빵, 소스 등 비건 제품만을 판매하는 사이트입니다. 채식한끼몰에서는 채식 관련 식당 및 소식들을 공유하고 있어 많은 도움이 됩니다.

- 채식한끼몰 https://www.hanggi.kr/
- 베지푸드 http://www.vegefood.co.kr/
- 러빙헛 http://m.lovinghut.co.kr/
- 채식나라 http://www.chaesiknara.co.kr/
- 베지맘 http://vegemom.kr/

대형 마트

요즘에는 대형 마트에도 비건 식품이 출시 및 입점해 있습니다. 롯데마트는 식물성 대체육류인 '고기 대신' 시리즈와 비건 마요네즈 PB 제품을 출시했으며, 전국 이마트 30여 개 매장에는 '채식주의 존'이 따로 마련되어 있습니다. 홈플러스에도 콩단백 제품과 식물성 요구르트, 비건 라면 등 비건 제품이 입점해 있어요.

MEASURING

계량법

이 책에서는 계량스푼과 종이컵을 사용해 식재료의 양을 표기하였습니다.
계량스푼이 없는 분들을 위해 어른용 숟가락과 어린이용 숟가락(=디저트 스푼)으로
계량하는 방법도 알려드릴게요.

가루 계량하기

가루 1Ts(큰술) = 소복이 1 어른 숟가락

가루 1ts(작은술) = 소복이 1 어린이 숟가락

액체·기름 계량하기

액체 1Ts(큰술) = 1+1/2 어른 숟가락

액체 1ts(작은술) = 1+1/2 어린이 숟가락

소스·장·페스토·잼 계량하기

소스 1Ts(큰술) = 소복이 1 어른 숟가락

소스 1ts(작은술) = 소복이 1 어린이 숟가락

두유 치즈 계량하기

두유 치즈 1Ts(큰술) = 소복이 1 어른 숟가락

두유 치즈 1ts(작은술) = 소복이 1 어린이 숟가락

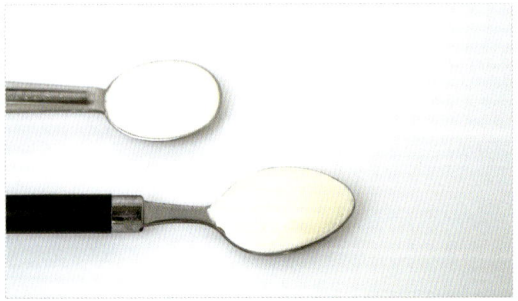

다진 재료 계량하기

다진 재료 1Ts(큰술) = 소복이 1 어른 숟가락

다진 재료 1ts(작은술) = 소복이 1 어린이 숟가락

컵 계량하기

1컵 = 넘치지 않도록 가득

PACKAGING

샌드위치 포장법

손쉽게 구할 수 있는 랩으로 흐트러짐 없이 단단하게 샌드위치를 포장할 수 있는 방법이에요.
먹을 때 속 재료가 흘러내리지 않고, 소스가 손에 묻지 않는답니다.

01 랩의 끈적끈적한 부분이 아래를 향하게 놓고, 샌드위치를 사선으로 얹는다.

02 랩의 한쪽 모서리로 샌드위치를 감싼다.

03 반대편 모서리로 샌드위치를 감싼다.

04 나머지 두 면도 감싼다.

05 랩의 끈적끈적한 부분이 위를 향하게 놓고, 한 번 감싼 샌드위치를 얹는다.

06 과정 2~4를 반복한다.

Tip

- 샌드위치는 일반 랩보다 글래드 매직랩을 사용하면 더 촘촘하고 튼튼하게 감쌀 수 있어요. 초보자가 도전하기에도 가장 쉽고 편한 방법입니다.
- 끈적이는 면이 빵에 바로 닿지 않도록, 잡은 손에 끈적이는 면이 닿지 않도록 과정 1, 5를 꼭 지켜주세요.
- 랩으로 샌드위치를 감쌀 때는 한 손으로 샌드위치를 잡고 당겨가며 촘촘하게 감싸주세요.
- 처음부터 도마에 랩을 깔고 샌드위치를 만들면 편해요. .

Vegan Sandwich

PART 1
비건 샌드위치 만능 속재료

EGGPLANT BACON

가지 베이컨

가지를 얇게 썰고, 파프리카가루로 훈제향을
입혀 베이컨처럼 만들어보았어요.
샌드위치뿐 아니라 다양하게 활용하기 좋습니다.

RECIPE

Preparations

재료 | 가지 1개

양념 | 올리브오일 4Ts, 간장 2Ts, 파프리카가루 1/2ts, 메이플 시럽 1ts

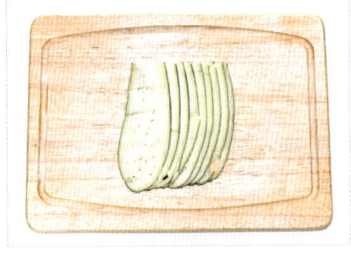

01 가지는 얇게 편 썬다.

02 분량의 양념에 10분 이상 재운다.

03 중약불로 달군 팬에 기름을 두르고 가지를 튀기듯 굽는다.

Tip
- 가지가 갈색빛이 돌도록 충분히 구워야 식었을 때 바삭해져요.
- 두께감이 있는 가지 베이컨을 만들고 싶을 때는 가지를 두껍게 썬 뒤 190℃의 오븐에 구워주세요.

PERILLA LEAF PESTO

깻잎 페스토

바질 페스토와는 다른 매력으로 계속 생각나는 레시피예요.
대체육류와 잘 어울립니다.
넉넉히 만들어 냉파스타를 만들어도 좋아요.

RECIPE

Preparations

재료 | 캐슈넛 60g, 깻잎 20장, 마늘 3개, 올리브오일 4Ts, 소금 1/3ts, 후추 약간

01 약한 불로 달군 팬에 캐슈넛을 볶는다.

02 믹서에 재료를 모두 넣는다.

03 모든 재료가 고루 섞이도록 충분히 간다.

Tip 깻잎처럼 향이 강한 채소로 페스토를 만들면 맛있어요. 참나물, 돌나물, 당귀 등으로 다양한 페스토를 만들어보세요.

SOY MILK CHEESE
두유 치즈

두유의 고소함을 그대로 간직한 치즈예요.
어떤 두유를 사용하느냐에 따라 맛이 달라집니다.
그대로 리코타 치즈처럼 사용하거나 믹서에 갈아
크림치즈처럼 사용할 수 있어요.

RECIPE

Preparations 재료 | 두유 500ml, 레몬즙 2Ts, 소금 1/4Ts

01 약한 불에서 두유를 저어가며 끓인다.

02 두유 표면에 공기 방울이 균일하게 올라오면 레몬즙과 소금을 넣는다.

03 약한 불에서 저어가며 5분간 더 끓인다.

04 체에 면포를 얹고 끓인 두유를 붓는다.

05 면포를 잘 감싼 뒤 냉장고에 1~2시간 두어 유청을 제거한다.

06 남은 유청을 손으로 짜낸다.

Tip
- 불 조절이 정말 중요해요. 처음부터 끝까지 가장 약한 불로 유지해주세요.
- 레몬즙을 넣고 계속 저으면 유청과 덩어리가 분리될 거예요. 이때 불을 끄고 면포에 부어주세요.
- 갈아서 크림치즈로 사용할 때는 과정 6에서 유청을 살짝 남겨주세요.
  유청을 너무 많이 제거하면 부드러운 크림치즈를 만들기 어려워요.

HUMMUS
후무스

단백질이 풍부한 병아리콩으로 만든 중동식 요리예요.
단백질 식품이 한정적인 비건 샌드위치에
아주 중요한 재료입니다.

RECIPE

Preparations

재료 | 병아리콩 300g, 소금 1/4Ts

양념 | 참깨 4Ts, 올리브오일 8Ts, 레몬즙 1/2Ts, 소금 1ts, 후추 1/2ts, 큐민시드 1/4Ts, 파프리카가루 1/2ts

01 병아리콩은 8시간 이상 불린다.

02 병아리콩에 소금 1/4Ts을 넣고 1시간 이상 삶은 뒤 바로 찬물에 담가 세게 문질러 껍질을 벗겨낸다.

03 병아리콩에 분량의 양념과 병아리콩 삶은 물 5Ts을 넣고 섞는다.

04 믹서에 모든 재료를 넣고 곱게 간다.

Tip
- 병아리콩의 껍질은 완벽하게 제거하지 않아도 괜찮아요. 식감 차이만 있습니다.
- 병아리콩 삶은 물로 후무스의 농도를 조절하세요. 샌드위치에 사용하는 후무스는 너무 묽을 경우 빵에 수분이 흡수되어 눅눅해질 수 있으니 되직하게 만드는 것이 좋아요.

FALAFEL
팔라펠

병아리콩과 렌틸콩으로 만들어 단백질이 풍부해요.
미트볼, 버거 패티 등 용도에 따라
모양을 낼 수 있어 활용도가 높아요.

RECIPE

Preparations

재료 | 병아리콩 200g, 렌틸콩 150g, 마늘 3쪽, 양파 1개, 양송이버섯 8개, 느타리버섯 2줌, 빵가루 1컵

양념 | 소금 1/2Ts, 후추 1/3Ts, 양파가루 1ts, 파프리카가루 1ts, 강황가루 1/2ts, 큐민시드 1/2ts

01 병아리콩과 렌틸콩은 8시간 이상 불린다.

02 불린 콩은 1시간 이상 충분히 삶아 으깬다.

03 마늘, 양파, 버섯은 잘게 다진다.

04 중간 불로 달군 팬에 기름을 넉넉히 두르고 마늘과 양파를 볶는다.

05 버섯을 넣어 수분이 날아갈 때까지 충분히 볶는다.

06 으깬 콩에 볶은 재료와 분량의 양념을 넣고 섞는다.

07 원하는 모양으로 만든다.   **08** 겉에 빵가루를 입힌다.   **09** 에어프라이어 또는 오븐 180℃에서 앞뒤로 7분씩 굽는다.

 Tip
- 향신료는 기호에 맞게 넣어도 되지만 파프리카가루는 꼭 넣어주세요.
- 버섯과 양파의 수분을 충분히 날려주어야 반죽이 질척거리지 않아요.
- 밀가루를 넣지 않아서 기름에 튀기면 형태가 쉽게 물러요. 에어프라이어 또는 오븐에 튀겨주세요.

TOMATO SAUCE
토마토 소스

갖은 채소와 토마토를 뭉근하게 끓여냈어요.
물을 넣지 않아 수분감이 덜하기 때문에
샌드위치에 활용하기 좋아요.

RECIPE

Preparations

재료 | 토마토 3개, 양파 1/2개, 피망 1/4개, 빨강 파프리카 1/8개, 토마토 퓨레 2컵, 올리브오일 2Ts

양념 | 소금 1ts, 후추 약간, 건조 오레가노 1/3ts, 건조 바질 1/3ts

01 토마토는 십자로 칼집을 낸다.

02 양파, 피망, 파프리카는 다진다.

03 토마토는 끓는 물에 30초간 데친다.

04 데친 토마토는 껍질을 제거하고 잘게 다진다.

05 중간 불로 달군 팬에 올리브오일을 두르고 양파, 피망, 파프리카, 토마토를 넣어 볶는다.

06 토마토 퓨레와 분량의 양념을 넣고 되직해질 때까지 20분 이상 졸인다.

Tip 토마토를 데치고 껍질을 제거하여 다지는 과정이 번거롭다면 홀토마토 1캔을 사용하세요.

PART 2
기본 샌드위치

Vegan
Sandwich

ABC SANDWICH

ABC 샌드위치

'ABC 주스'라고 들어보셨나요?
사과(Apple), 비트(Beet), 당근(Carrot)의 첫 글자를 따서 만든 이름인데요.
이번에는 사과, 블루베리, 당근으로 새로운 ABC 조합을 즐겨보세요.

RECIPE

Preparations

재료 | 바게트 1/2개, 사과 1/2개, 당근 1/2개, 루콜라 1줌

당근 라페 양념 | 설탕 1/2Ts, 소금 약간, 올리브오일 3Ts, 식초 2Ts, 홀그레인 머스터드 1Ts

소스 | 두유 치즈(22쪽 참조) 2Ts, 블루베리잼 2Ts

01 사과는 모양대로 편 썰고, 당근은 얇게 채 썬다.

02 당근을 분량의 당근 라페 양념에 버무린다.

03 바게트는 가로로 반 자른다.

04 바게트의 한 면에는 두유 치즈를, 다른 한 면에는 블루베리잼을 바른다.

05 사과, 당근 라페, 루콜라를 얹고 빵을 덮는다.

Tip

채소는 부드러운 샐러드 채소로 대체 가능합니다.

BLT SANDWICH
BLT 샌드위치

BLT 샌드위치 속 베이컨(Bacon)을 구운 두부(Baked Tofu)로 대체했어요.
두부의 겉면을 노릇하게 구워 쫄깃한 식감이 매력적이랍니다.

R E C I P E

Preparations

재료 | 식빵 2쪽, 두부 1/2모(200g), 토마토 1개, 상추 4장

타르타르 소스 | 마요네즈 3Ts, 디종 머스터드 1Ts, 레몬즙 1/2Ts, 다진 오이 피클 1Ts

소스 | 치폴레 마요네즈 1Ts

01 두부와 토마토는 1cm 두께로 편 썰고, 피클은 다진다.

02 중간 불로 달군 팬에 식빵을 굽는다.

03 중간 불로 달군 팬에 기름을 넉넉히 두르고 두부를 튀기듯 굽는다.

04 분량의 타르타르 소스를 섞는다.

05 식빵 한 쪽에는 타르타르 소스를, 다른 한 쪽에는 치폴레 마요네즈를 바른다.

06 구운 두부, 토마토, 상추를 얹고 빵을 덮는다.

Tip

두부를 튀기듯 노릇하게 굽는 게 특징이에요. 시간이 오래 걸리더라도 겉면이 황금빛 갈색이 나도록 구워주세요.

EGGPLANT BACON SANDWICH
가지 베이컨 샌드위치

얇게 썰어 구운 가지로 베이컨을 만들었어요.
발사믹 글레이즈를 섞은 마요네즈와 찰떡궁합이랍니다.

Preparations

재료 | 통밀 식빵 2쪽, 토마토 1개, 가지 베이컨(20쪽 참조) 10개, 양상추 5장

소스 | 마요네즈 2Ts, 발사믹 글레이즈 1/2Ts, 후추 약간

01 토마토는 1cm 두께로 편 썬다.

02 분량의 소스를 섞는다.

03 통밀 식빵에 소스를 바른다.

04 토마토, 가지 베이컨, 양상추를 얹고 빵을 덮는다.

Tip { 볶은 버섯을 넣어도 맛있어요.

FRUITS SALAD SANDWICH
과일 샐러드 샌드위치

급식 단골 메뉴 과일 샐러드를 모닝빵에 담았어요.
드문드문 씹히는 땅콩과 크랜베리가 추억에 젖게 한답니다.

RECIPE

Preparations

재료 | 모닝빵 3개, 단감 1/2개, 사과 1/4개, 바나나 1/2개, 오이 1/3개, 건조 크랜베리 1Ts, 땅콩 1Ts
소스 | 마요네즈 3Ts, 레몬즙 1/2Ts, 설탕 1/2Ts, 소금 약간

01 단감, 사과, 바나나, 오이는 사방 1cm 로 깍둑 썬다.

02 건조 크랜베리는 따뜻한 물에 10분간 불린다.

03 모닝빵은 가로로 반 자른다.

04 분량의 소스를 섞는다.

Tip
- 과일은 좋아하는 제철 과일로 변경 가능합니다.
- 드레싱에 와사비 1/6Ts를 섞어주면 색다르게 즐길 수 있어요.

05 썰어놓은 과일과 오이, 건조 크랜베리, 땅콩에 소스를 섞는다.

06 모닝빵 사이에 샐러드를 넣는다.

GRILLED POTATO SANDWICH
구운 감자 샌드위치

얇게 썰어 구운 감자를 듬뿍 넣었어요.
어릴 적 토스트 포장마차에서 먹던 추억의 맛이랍니다.

Preparations

재료 | 식빵 2쪽, 감자 1개, 양배추 1/10개, 오이 피클 1개

소스 | 토마토 케첩 1Ts, 홀그레인 머스터드 1Ts

01 감자는 얇게 편 썰고, 양배추는 채 썬다.

02 중간 불로 달군 팬에 기름을 넉넉히 두르고 감자를 튀기듯 굽는다.

03 식빵 한 쪽에는 토마토 케첩을, 다른 한 쪽에는 홀그레인 머스터드를 바른다.

04 오이 피클, 구운 감자, 양배추를 얹고 빵을 덮는다.

Tip 〉 감자를 최대한 얇게 썰어 튀기듯 구워주세요.

GREEN SANDWICH
그린 샌드위치

아보카도로 만든 소스에 초록색 채소만을 곁들였어요.
마치 숲속이 연상되는 샌드위치랍니다.

RECIPE

Preparations

재료 | 통밀 식빵 2쪽, 오이 1/2개, 아보카도 1/2개, 양상추 10장, 로메인 5장, 새싹 채소 1줌

소스 | 으깬 아보카도 1/2개, 마요네즈 2Ts, 레몬즙 1/2Ts, 핫소스 1/2Ts, 소금 1/2ts

01 오이는 얇게 편 썰고, 아보카도는 0.5cm 두께로 편 썬다.

02 분량의 소스를 섞는다.

03 통밀 식빵에 소스를 바른다.

04 오이, 아보카도, 양상추, 로메인, 새싹 채소를 얹고 빵을 덮는다.

STREET SANDWICH
길거리 샌드위치

일명 길거리 샌드위치라 불리는 양배추 마요네즈 샌드위치에 고소한 비건 너겟을 더했어요.
토마토 케첩 대신 돈가스 소스를 사용해도 맛있습니다.

RECIPE

Preparations

재료 | 식빵 2쪽, 소이 너겟 6개, 양배추 1/10개, 적양배추 1/10개

양념 | (양배추, 적양배추 각각 분량) 마요네즈 2Ts, 설탕 1/2Ts, 소금 1/3ts, 후추 약간

소스 | 토마토 케첩 3Ts

01 양배추와 적양배추는 얇게 채 썬다.

02 양배추와 적양배추를 각각 분량의 양념에 버무린다.

03 중간 불로 달군 팬에 기름을 넉넉히 두르고 소이 너겟을 튀긴다.

04 식빵에 토마토 케첩을 바른다.

05 양배추, 적양배추, 소이 너겟을 얹고 빵을 덮는다.

Tip

양배추와 적양배추를 한 번에 버무리면 양배추가 보라색으로 물들어요. 그래도 괜찮다면 두 가지 재료를 섞어 한 번에 버무려도 돼요.

SWEET PUMPKIN SANDWICH
단호박 샌드위치

고소한 단호박 샐러드를 빵 사이에 듬뿍 얹었어요.
간간히 씹히는 견과류와 건과일이 포인트랍니다.

RECIPE

Preparations

재료 | 식빵 2쪽, 단호박 1/2개, 견과류 1줌, 건과일 1줌

단호박 샐러드 양념 | 마요네즈 2Ts, 올리고당 1/2Ts

소스 | 딸기잼 3Ts

01 건과일과 견과류를 잘게 다진다.

02 단호박은 끓는 물에 10분간 쪄낸 뒤 포크로 으깬다.

03 분량의 단호박 샐러드 양념과 건과일, 견과류를 섞는다.

04 식빵에 딸기잼을 바른다.

05 단호박 샐러드를 얹고 빵을 덮는다.

TERIYAKI TOFU SANDWICH

데리야키 두부 샌드위치

부드러운 치아바타에 단짠단짠 두부를 얹었어요.
두부 대신 통으로 구운 새송이버섯을 곁들여도 맛있습니다.

RECIPE

Preparations

재료 | 치아바타 1개, 두부 1/2모(200g), 토마토 1개, 양상추 10장

데리야키 소스 | 대파 6cm, 물 3Ts, 간장 2Ts, 맛술 1Ts, 올리고당 1Ts

소스 | 마요네즈 2Ts

01 두부와 토마토는 1cm 두께로 편 썰고, 대파는 길이로 2등분한다.

02 두부에 전분가루를 고르게 묻히고, 중간 불로 달군 팬에 기름을 넉넉히 두르고 튀긴다.

03 약한 불로 달군 팬에 분량의 데리야키 소스를 넣고 졸인다.

04 튀긴 두부를 넣고 졸인다.

05 치아바타는 가로로 반 자른다.

06 치아바타에 마요네즈를 바른다.

07 토마토, 양상추, 두부를 얹고 빵을 덮는다.

STRAWBERRY AVOCADO SANDWICH
딸기 아보카도 샌드위치

딸기의 달달함에 새싹 채소의 쌉싸름함이 더해져 물리지 않고 먹을 수 있어요.
제가 가장 좋아하는 샌드위치 중 하나랍니다.

Preparations

재료 | 베이글 1개, 딸기 5개, 아보카도 1/2개, 어린잎 1줌, 새싹 채소 1줌

소스 | 딸기잼 2Ts

01 딸기와 아보카도는 1cm 두께로 편 썬다.

02 베이글은 가로로 반 자른다.

03 베이글에 딸기잼을 바른다.

04 어린잎과 새싹 채소를 얹는다.

05 아보카도와 딸기를 얹고 빵을 덮는다.

RAINBOW SANDWICH
무지개 샌드위치

자연에서 만나는 무지개의 색을 빵 속에 담았어요.
고소한 후무스가 재료를 보듬어줍니다.

RECIPE

Preparations

재료 | 식빵 2쪽, 후무스(23쪽 참조) 4Ts, 토마토 1개, 당근 1/3개, 노랑 파프리카 1/2개, 케일 5장, 적양배추 1/10개

피클 소스 | 물 3Ts, 식초 2Ts, 설탕 1Ts, 소금 약간

01 토마토는 1cm 두께로 편 썰고 당근, 파프리카, 적양배추는 얇게 채 썬다.

02 끓여서 한 김 식힌 피클 소스에 당근을 10분 이상 절인다.

03 식빵에 후무스를 바른다.

04 토마토, 당근, 파프리카, 케일, 적양배추를 얹고 빵을 덮는다.

BULGOGI SANDWICH
불고기 샌드위치

달콤한 소스에 절인 콩고기로 풍미를 더하고,
채소는 생으로 사용해 아삭함을 살렸어요.
반쪽만 먹어도 든든하답니다.

RECIPE

Preparations

재료 | 식빵 2쪽, 언리미트 130g, 슬라이스 체더 치즈 1장, 양파 1/2개, 당근 1/4개, 오이 1/2개, 토마토 1개, 로메인 6장

불고기 양념 | 진간장 2/3Ts, 설탕 1/3Ts, 올리고당 1/3Ts, 맛술 1/2Ts, 다진 마늘 1/2Ts, 참기름 1/2Ts, 후추 약간

소스 | 마요네즈 2Ts

01 언리미트를 분량의 불고기 양념에 재운다.

02 양파는 얇게 편 썬 뒤 찬물에 10분간 담가 매운맛을 뺀다.

03 오이와 토마토는 0.5cm 두께로 편 썰고, 당근은 얇게 채 썬다.

04 중간 불로 달군 팬에 식빵을 굽는다.

05 약한 불로 달군 팬에 기름을 두르고 언리미트를 굽는다.

06 식빵에 마요네즈를 바르고 당근, 오이, 양파, 언리미트, 체더 치즈, 토마토, 로메인을 얹고 빵을 덮는다.

Tip
- 대체육류에 거부감이 든다면 버섯으로 대체해주세요.
- 빈속에 먹을 때는 양파를 구워서 사용하세요.

BROCCOLI & POTATO SANDWICH
브로콜리 감자 샌드위치

고소한 감자 샐러드에 브로콜리로 식감과 영양을 더했어요.
보기에도 좋고, 건강한 샌드위치랍니다.

RECIPE

Preparations

재료 | 통밀 식빵 2쪽, 감자 2개, 브로콜리 1/2개, 오이 1/2개

감자 샐러드 양념 | 마요네즈 3Ts, 설탕 1/2Ts, 소금 1/2ts, 후추 약간

01 데친 브로콜리는 4조각을 남기고 잘게 다진다. 오이는 얇게 편 썬다.

02 감자는 끓는 물에 15분간 삶은 뒤 포크로 으깬다.

03 으깬 감자에 분량의 감자 샐러드 양념과 다진 브로콜리를 섞는다.

04 통밀 식빵에 감자 샐러드, 브로콜리, 오이를 얹고 빵을 덮는다.

Tip 통으로 남긴 브로콜리를 식빵 가운데에 얹어주세요. 반으로 갈랐을 때 단면이 예쁘답니다.

KING OYSTER MUSHROOM SANDWICH
새송이 치아바타 샌드위치

새송이버섯을 두껍게 썰어 씹는 식감을 더했어요.
버섯에서 나온 즙과 쫄깃한 식감 덕분에 풍성한 샌드위치랍니다.

RECIPE

Preparations

재료 | 치아바타 1개, 새송이버섯 1개, 사과 1/2개, 토마토 1개, 상추 8장

소스 | 바질 페스토 3Ts

01 새송이버섯과 토마토는 1cm 두께로 편 썰고, 사과는 모양대로 얇게 편 썬다.

02 중간 불로 달군 팬에 기름을 두르고 새송이버섯을 굽는다.

03 치아바타는 가로로 반 자른다.

04 치아바타에 바질 페스토를 바른다.

05 상추, 사과, 토마토, 새송이버섯을 얹고 빵을 덮는다.

Tip

새송이버섯을 두껍게 썰수록 구웠을 때 식감이 좋아요.

KING OYSTER MUSHROOM HOTDOG

새송이 핫도그

마치 축제가 열린 날 푸드 트럭에서 팔 것만 같은 핫도그예요.
짭조름한 새송이버섯을 부드러운 옥수수 샐러드가 감싸줍니다.

RECIPE

Preparations

재료 | 소프트 바게트 1개, 미니 새송이버섯 15개, 빨강 파프리카 1/8개, 양배추 1/20개(10g), 로메인 2장, 콘옥수수 6Ts

옥수수 샐러드 양념 | 마요네즈 3Ts, 홀그레인 머스터드 1/2Ts, 식초 1/2Ts, 소금 약간, 후추 약간

간장 양념 | 간장 2Ts, 다진 마늘 1/2Ts, 올리고당 1Ts

01 새송이버섯은 밑동을 제거하고, 파프리카와 양배추는 잘게 다진다.

02 물기를 제거한 콘옥수수에 분량의 옥수수 샐러드 양념과 파프리카, 양배추를 섞는다.

03 중간 불로 달군 팬에 기름을 두르고 새송이버섯을 굽는다.

04 분량의 간장 양념을 넣고 졸인다.

Tip

- 매콤함을 더하고 싶다면 양파 또는 할라피뇨를 다져 옥수수 샐러드에 넣어주세요.
- 미니 새송이버섯 대신 양송이버섯을 사용해도 좋아요.

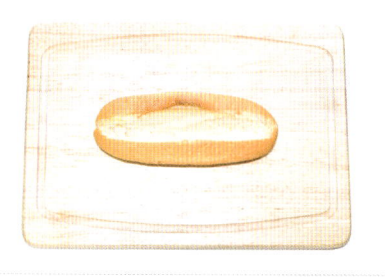

05 소프트 바게트의 가운데에 칼집을 넣고 속을 파낸다.

06 로메인, 새송이버섯, 옥수수 샐러드를 채워 넣는다.

SOFT TOFU CAPREZE SANDWICH
순두부 카프레제 샌드위치

고급 이탈리아 레스토랑에 가면 꼭 있는
카프레제 샐러드를 순두부로 재현해보았어요.
빵 위에 얹어 먹어도, 샐러드로만 즐겨도 정말 맛있어요.

RECIPE

Preparations

재료 | 올리브 치아바타 1개, 순두부 1/2개, 토마토 1개, 바질 5장

소스 | 바질 페스토 2Ts, 올리브오일 1/2Ts, 발사믹 글레이즈 1/2Ts, 후추 약간

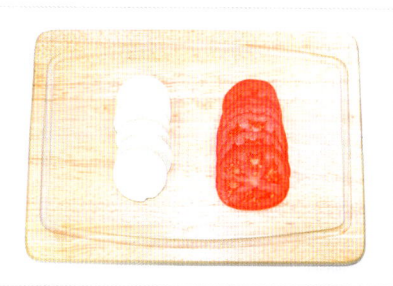

01 토마토와 순두부는 0.5cm 두께로 편 썬다.

02 치아바타는 가로로 반 자른다.

03 중간 불로 달군 팬에 올리브오일을 두르고 치아바타를 굽는다.

04 치아바타에 바질 페스토를 바른다.

05 토마토, 순두부, 바질을 번갈아가며 얹는다.

06 후추와 발사믹 글레이즈를 뿌리고 빵을 덮는다.

TRAFFIC LIGHT SANDWICH
신호등 샌드위치

빨간불 딸기, 주황불 바나나, 초록불 오이.
과일과 채소를 이용해 신호등을 표현했어요.

RECIPE

Preparations

재료 | 식빵 2쪽, 딸기 2개, 바나나 1/2개, 오이 1/3개

소스 | 두유 치즈(22쪽 참조) 4Ts

01 딸기는 꼭지를 떼어내고, 바나나와 오이는 딸기와 같은 길이로 썬다.

02 식빵은 테두리를 잘라내고 밀대로 얇게 민다.

03 식빵에 두유 치즈를 바른다.

04 딸기, 바나나, 오이를 가지런히 얹고 돌돌 만다.

Tip
- 원통형의 과일 또는 채소는 어떤 것이라도 좋아요.
- 과일의 단맛이 약하다면 두유 치즈에 잼을 섞어보세요.

AVOCADO TEMPE SANDWICH
아보카도 템페 샌드위치

템페를 노릇하게 구워 씹는 식감을 더하고,
아보카도로 부드러움을 더했어요.
매콤한 스리라차 소스가 포인트입니다.

RECIPE

Preparations

재료 | 통밀 식빵 2쪽, 템페 1/3개(70g), 아보카도 1/2개, 토마토 1개, 로메인 8장

소스 | 바비큐 소스 1Ts, 스리라차 소스 1/2Ts

01 토마토, 템페, 아보카도는 1cm 두께로 편 썬다.

02 중간 불로 달군 팬에 기름을 두르고 템페를 노릇하게 굽는다.

03 식빵 한 쪽에는 바비큐 소스를, 다른 한 쪽에는 스리라차 소스를 바른다.

04 아보카도, 템페, 토마토, 로메인을 얹고 빵을 덮는다.

Tip 〉 바비큐 소스가 없다면 마요네즈로 대체해도 좋아요.

AVOCADO POCKET SANDWICH
아보카도 포켓 샌드위치

동그란 식빵 주머니 속에 과카몰리가 숨어 있어요.
렌틸콩과 옥수수가 든든함을 더해줍니다.

RECIPE

Preparations

재료 | 식빵 4쪽, 아보카도 1개, 양파 1/6개, 토마토 1/2개, 렌틸콩 3Ts, 콘옥수수 3Ts

과카몰리 소스 | 레몬즙 1Ts, 다진 마늘 1/3Ts, 소금 약간, 후추 약간

01 토마토는 속을 파내 다지고, 양파는 다진다.

02 렌틸콩은 1시간 이상 불린 뒤 끓는 물에 10분간 삶는다.

03 아보카도는 으깬다.

04 으깬 아보카도에 분량의 과카몰리 소스와 양파, 토마토, 렌틸콩, 콘옥수수를 섞는다.

05 식빵의 가운데에 과카몰리 4Ts을 얹는다.

06 다른 식빵으로 덮은 뒤 밥그릇으로 세게 누른다.

Tip

비건 식빵은 금방 건조해져 모양이 잘 나지 않을 수 있어요. 그럴 땐 랩을 씌우고 전자레인지에 20초간 돌려주세요.

PORTOBELLO MUSHROOM GAMBAS SANDWICH
양송이 감바스 샌드위치

새우 대신 양송이버섯으로 스페인의 대표 음식 중 하나인 감바스를 만들었어요.
마늘향이 가득한 올리브오일을 머금은 양송이버섯과 바게트의 조합이 환상적이랍니다.

RECIPE

Preparations

재료 | 소프트 바게트 1개, 양송이버섯 4개, 마늘 10개, 페페론치노 3개, 파르메산 치즈가루 약간, 파슬리가루 약간

소스 | 올리브오일 1/2컵, 소금 1/4Ts, 후추 약간

01 양송이버섯은 4등분하고, 마늘은 0.5cm 두께로 편 썬다.

02 중약불로 달군 팬에 올리브오일, 페페론치노, 마늘을 넣고 끓인다.

03 마늘이 연한 갈색이 되면 양송이버섯, 소금, 후추를 넣는다.

04 소프트 바게트는 가운데 칼집을 넣고 속을 파낸다.

05 감바스의 건더기만 채워 넣는다.

06 파르메산 치즈가루와 파슬리가루를 뿌린다.

Tip
- 처음부터 올리브오일을 모두 빵 위에 얹으면 너무 흐물흐물해져요. 감바스의 건더기만 얹은 뒤 오일은 따로 담아 찍어 드세요.
- 기호에 따라 반으로 썬 방울 토마토를 과정 3에 추가해도 좋아요.

VIETNAMESE SANDWICH
언리미트 반미

베트남 대표 음식 반미는 절인 채소가 특징이에요.
언리미트 불고기뿐 아니라 구운 두부, 버섯 등 다양한 재료를 활용하면 색다르게 먹을 수 있습니다.

RECIPE

Preparations

재료 | 바게트 1/2개, 언리미트 100g, 무 1/10개, 당근 1/3개, 오이 1/4개, 양파 1/3개, 고수 약간

단촛물 | 식초 2/3컵, 설탕 2/3컵, 소금 1.5Ts

불고기 양념 | 간장 1Ts, 설탕 1/2Ts, 참기름 1/2Ts, 다진 마늘 1/2Ts, 후추 약간

소스 | 마요네즈 2Ts, 스리라차 소스 1Ts

01 당근, 무, 양파는 채 썰고 오이는 편 썬다.

02 바게트는 끝부분을 남기고 가로로 반 자른다.

03 분량의 단촛물을 기포가 올라올 때까지 끓인다.

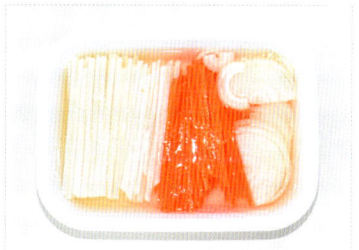

04 끓인 단촛물을 당근, 무, 양파에 부어 30분 이상 절인다.

05 언리미트에 분량의 불고기 양념을 버무려 20분 이상 절인다.

06 중간 불로 달군 팬에 언리미트가 노릇해지도록 볶는다.

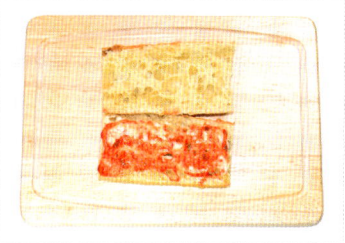

07 바게트에 마요네즈와 스리라차 소스를 바른다.

08 오이, 언리미트, 절인 채소, 고수를 얹는다.

Tip

- 땅콩버터를 곁들여도 맛있어요.
- 언리미트 대신 구운 버섯이나 두부를 활용해보세요.

EGG MAYO SANDWICH
에그마요 샌드위치

두부에 강황가루를 더해 에그 샐러드를 표현했어요.
맛보기 전에는 아무도 두부인 줄 모른답니다.
먹고 나면 속이 편해 아침 메뉴로도 좋아요.

RECIPE

Preparations

재료 | 호밀 식빵 2쪽, 두부 2/3모(300g)

에그 샐러드 소스 | 마요네즈 5Ts, 홀그레인 머스터드 1/2Ts, 강황가루 1/2ts, 소금 1/2ts, 후추 약간

01 두부는 잘게 자른다.

02 끓는 물에 두부를 데친 뒤 체에 밭쳐 물기를 제거한다.

03 두부에 분량의 에그 샐러드 소스를 넣고 포크로 으깨며 섞는다.

04 중간 불로 달군 팬에 호밀 식빵을 굽는다.

05 호밀 식빵에 에그 샐러드를 얹고 빵을 덮는다.

Tip

- 에그 샐러드의 식감이 부드러우므로 곡물이 씹히는 호밀 식빵이 잘 어울려요.
- 토마토, 로메인, 오이 등 다양한 식재료와도 잘 어울려요.

CUCUMBER & CARROT SANDWICH

오이 당근 샌드위치

소금에 절인 오이와 크림치즈의 조합은 이미 유명하죠.
여기에 바질 페스토로 맛을, 당근으로 색을 더해주었어요.

RECIPE

Preparations

재료 | 식빵 3쪽, 오이 1개, 당근 1/2개, 소금 1Ts, 후추 약간

소스 | 두유 치즈(22쪽 참조) 3Ts, 바질 페스토 1Ts

01 오이와 당근은 필러로 얇게 편 썬다.

02 오이와 당근은 소금에 20분간 절인 뒤 헹궈 물기를 짠다.

03 분량의 소스를 섞는다.

04 식빵 한 쪽은 양면에, 다른 두 쪽은 한 면에만 소스를 바른다.

05 식빵에 당근을 얹고 양면에 소스를 바른 식빵, 오이, 후추, 식빵 순으로 얹는다.

Tip

두유 치즈 대신 마요네즈를 사용해도 좋아요.

FRIED TOFU SANDWICH
유부볶음 샌드위치

우동 위에 올라가는 유부채를 고추장 양념에 버무렸어요.
유부의 기름진 감칠맛 덕분에 밥에도 잘 어울립니다.

RECIPE

Preparations

재료 | 소프트 바게트 1개, 당근 1/10개, 애호박 1/8개, 양파 1/8개, 유부 2줌, 상추 4장

유부볶음 소스 | 고추장 1/2Ts, 고춧가루 1Ts, 간장 1Ts, 다진 마늘 0.5Ts, 매실청 1/2Ts, 올리고당 1/2Ts, 청양초 연두 1/2Ts

소스 | 마요네즈 2Ts

01 당근과 애호박은 5cm 길이로 채 썰고, 양파는 채 썬다.

02 유부에 채 썬 당근과 애호박, 분량의 유부볶음 소스를 넣어 섞는다.

03 중간 불로 달군 팬에 유부를 볶는다.

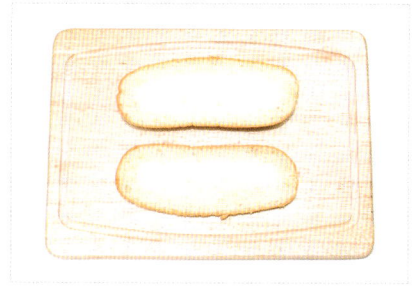

04 소프트 바게트는 가로로 반 자른다.

Tip
- 유부에서 나오는 기름으로도 충분하기 때문에 유부를 볶을 때 기름을 추가하지 않아요.
- 청양초 연두는 생략 가능합니다.
- 생양파가 싫다면 유부와 함께 볶아주세요.

05 소프트 바게트에 마요네즈를 바른다.

06 상추, 양파, 유부볶음을 얹고 빵을 덮는다.

MUSHROOM CRAB STICK SANDWICH
팽이 크래미 샌드위치

데친 팽이버섯을 마요네즈와 와사비에 버무렸어요.
얇게 채 썬 사과가 팽이버섯의 부족한 식감을 보완해줍니다.

RECIPE

Preparations

재료 | 식빵 2쪽, 단호박 1/6개, 오이 1/2개, 당근 1/3개, 사과 1/4개, 팽이버섯 1봉, 상추 8장

크래미 소스 | 마요네즈 3Ts, 와사비 1/4Ts, 레몬즙 1/2ts, 소금 1/2ts

소스 | 딸기잼 2Ts

01 끓는 물에 결대로 찢은 팽이버섯을 데친 뒤 물기를 최대한 꽉 짜낸다.

02 사과와 당근은 얇게 채 썰고, 오이는 얇게 편 썰고, 찐 단호박은 1cm 두께로 편 썬다.

03 팽이버섯과 사과에 분량의 크래미 소스를 섞는다.

04 식빵에 딸기잼을 바른다.

Tip

데친 팽이버섯에는 수분이 매우 많아요. 빵이 눅눅해지지 않도록 물기를 최대한 제거해주세요.

05 단호박, 팽이 크래미, 오이, 당근, 상추를 얹고 빵을 덮는다.

TEMPE SANDO

템페 산도

한때 SNS에서 핫했던 가츠 산도를 템페로 재현해보았어요.
템페의 고소한 매력을 가득 느낄 수 있는 샌드위치랍니다.

Preparations

재료 | 식빵 2쪽, 템페 2/3개(140g)

데리야키 소스 | 물 2Ts, 간장 1Ts, 맛술 1Ts, 조청 1/2Ts, 다시마 2x2cm 1장, 생강청 1/4Ts

소스 | 마요네즈 3Ts

01 중간 불로 달군 팬에 기름을 두르고 템페를 굽는다.

02 갈색빛이 돌면 분량의 데리야키 소스를 넣고 졸인다.

03 식빵에 마요네즈를 바른다.

04 졸인 템페를 얹고 빵을 덮는다.

Tip 데리야키 소스 대신 시판 바비큐 소스를 사용해도 좋아요.

FELAFEL SANDWICH
팔라펠볼 샌드위치

동글동글 귀여운 팔라펠볼로 미트볼 샌드위치를 만들었어요.
색색의 파프리카를 더해 보는 즐거움도 있답니다.

RECIPE

Preparations

재료 | 소프트 바게트 1개, 빨강·노랑 파프리카 1/3개씩, 피망 1/3개, 팔라펠(24쪽 참조) 3개

소스 | 토마토 소스(26쪽 참조) 4Ts

01 파프리카와 피망은 1cm 너비로 썬다.

02 중간 불로 달군 팬에 기름을 두르고 파프리카와 피망을 볶는다.

03 소프트 바게트는 가운데 칼집을 넣고 속을 파낸다.

04 토마토 소스를 바른다.

05 파프리카, 피망, 팔라펠볼을 얹는다.

Tip

마지막에 치즈를 얹어 190℃로 예열한 오븐에 3분간 익혀도 좋아요.

FRUITS SANDO
프루츠 산도

유명 카페에 가면 꼭 있는 프루츠 산도를
식물성 생크림과 제철 과일을 활용하여 만들어보세요.

RECIPE

Preparations

재료 | 식빵 2쪽, 바나나 1/2개, 딸기 3개, 청포도 4알, 식물성 생크림 1+1/2컵, 설탕 1Ts

01 딸기는 꼭지를 떼어내고, 바나나는 딸기와 같은 크기로 썬다.

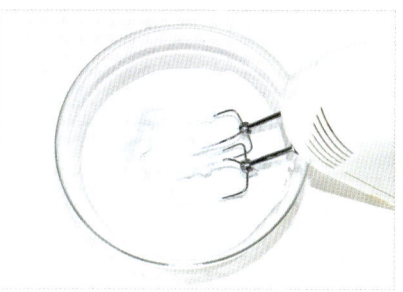

02 식물성 생크림에 설탕을 넣어 뿔이 설 때까지 단단하게 휘핑한다.

03 식빵 한 쪽에 생크림을 바른 뒤 과일을 얹는다.

04 과일 사이사이에 생크림을 채워 바른다.

05 다른 식빵으로 덮은 뒤 랩으로 감싸 30분간 냉장고에서 굳힌다.

06 반으로 잘라 완성한다.

Tip
- 과일의 단면이 예쁘게 보이도록 식빵 가운데를 기준으로 과일을 맞춰 얹어주세요.
- 생크림을 얹기 전, 식빵에 잼을 발라도 좋아요.

PULLED PORK SANDWICH
풀드포크 샌드위치

새송이버섯을 결대로 잘게 찢으면 마치 삶은 고기와 같은 식감이 됩니다.
여기에 바비큐 소스를 더해주면 감쪽같은 풀드포크를 만들 수 있어요.

RECIPE

Preparations

재료 | 햄버거 빵 1개, 새송이버섯 2개, 당근 1/5개, 양배추 1/10개, 적양배추 1/10개

코울슬로 양념 | 마요네즈 3Ts, 설탕 1Ts, 레몬즙 1+1/2Ts, 소금 1/5Ts, 후추 약간

풀드포크 밑간 | 훈제 파프리카가루 1/2Ts, 마늘가루 1/4Ts, 소금 1/5Ts, 후추 약간

소스 | 바비큐 소스 2Ts, 마요네즈 2Ts

01 새송이버섯은 포크를 이용해 결대로 찢은 뒤 분량의 풀드포크 밑간에 재운다.

02 당근, 양배추, 적양배추는 얇게 채 썬다.

03 채 썬 채소에 분량의 코울슬로 양념을 섞는다.

04 중간 불로 달군 팬에 기름을 두르고 새송이버섯을 볶는다.

05 새송이버섯의 수분이 날아가면 바비큐 소스를 넣고 졸인다.

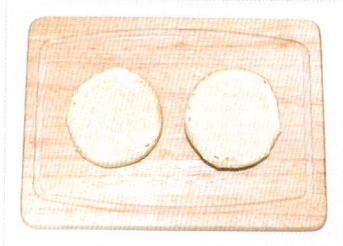

06 햄버거 빵에 마요네즈를 바른다.

07 코울슬로, 새송이버섯을 얹고 빵을 덮는다.

SMOKED CARROT BAGEL SANDWICH
훈제 당근 베이글 샌드위치

외국에서는 당근으로 만드는 비건 훈제 연어가 인기예요.
한국에서도 구하기 쉬운 재료를 이용해 재현했어요.

RECIPE

Preparations

재료 | 베이글 1개, 당근 1/2개, 채 썬 양파 5조각, 케이퍼 6개, 딜 약간

훈제 양념 | 간장 1Ts, 물 1Ts, 올리브오일 1Ts, 올리고당 1/2Ts, 파프리카가루 1/2Ts, 마늘가루 1/3Ts

소스 | 두유 치즈(22쪽 참조) 3Ts

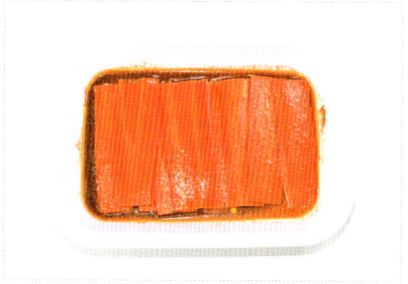

01 끓는 물에 10분 이상 삶아 부드러워진 당근은 한 김 식혀 0.3cm 두께로 편 썬다.

02 분량의 훈제 양념에 당근을 5시간 이상 재운다.

03 베이글에 두유 치즈를 바른다.

04 당근, 양파, 케이퍼, 딜을 얹고 빵을 덮는다.

Tip
- 당근을 두껍게 썰수록 식감이 좋지만, 양념에 더 오랜 시간 재워두어야 해요.
- 마늘가루가 없다면 다진 마늘을 면포로 감싸 즙을 내 사용하세요.

Vegan
Sandwich

PART 3
오픈 샌드위치

CARROT & POTATO SANDWICH
감자 당근 샌드위치

고소한 감자 샐러드 위에 상큼한 당근 라페를 올렸어요.
딸기잼의 달달함이 더해져 매력적인 샌드위치랍니다.

Preparations

재료 | 식빵 1쪽, 감자 2개, 당근 1/2개

감자 샐러드 양념 | 마요네즈 3Ts, 소금 1/2Ts, 후추 약간

당근 라페 양념 | 설탕 1/2Ts, 소금 약간, 올리브오일 3Ts, 레몬즙 1Ts

소스 | 딸기잼 2Ts

01 감자는 끓는 물에 15분간 삶아 으깬 뒤 분량의 감자 샐러드 양념을 섞는다.

02 당근은 얇게 채 썬다.

03 채 썬 당근은 분량의 당근 라페 양념에 버무린다.

04 식빵은 4등분한다.

05 식빵에 딸기잼을 바른다.

06 감자 샐러드와 당근 라페를 얹는다.

NATTO TOAST
낫또스트

빵과는 어울리지 않을 것만 같은 낫또의 변신이에요.
처음 맛보는 신선한 낫또 샌드위치의 매력에 빠져보세요.

RECIPE

Preparations

재료 | 치아바타 1/2개(2쪽), 낫또 1개(100g), 오이 1/3개, 아보카도 1/2개, 김 1/10장

소스 | 머스터드 2Ts

01 오이는 얇게 편 썰고, 아보카도는 0.5cm 두께로 편 썬다.

02 중간 불로 달군 팬에 기름을 두르고 치아바타를 굽는다.

03 치아바타에 머스터드를 바른다.

04 오이와 아보카도, 낫또 순으로 얹고 얇게 채 썬 김을 뿌린다.

Tip 낫또에 동봉된 겨자 소스를 사용해도 좋아요.

KALE SANDWICH
케일 샌드위치

종종 즐겨 먹던 케일 샐러드를 빵 위에 얹었어요.
캐슈넛잼을 더해 극강의 고소함을 느낄 수 있어요.

Preparations

재료 | 캉파뉴 1/8개(2쪽), 케일 5장, 파르메산 치즈가루 1Ts

케일 샐러드 드레싱 | 올리브오일 2Ts, 레몬즙 1Ts, 소금 약간, 후추 약간, 파르메산 치즈가루 1Ts

소스 | 캐슈넛잼 3Ts

01 케일은 0.5cm 폭으로 채 썬다.

02 채 썬 케일에 분량의 케일 샐러드 드레싱을 넣어 버무린다.

03 중간 불로 달군 팬에 캉파뉴를 굽는다.

04 캉파뉴에 캐슈넛잼을 바른다.

05 케일 샐러드를 얹고 파르메산 치즈가루를 뿌린다.

Tip

캐슈넛잼이 없다면 캐슈넛을 잘게 다져 샐러드에 함께 섞어 주세요.

PEANUT BANANA TOAST

땅바몬 토스트

맛없고 덜 익은 바나나는 메이플 시럽에 졸여보세요.
바나나의 향에 시럽의 단맛이 더해져 색다른 토스트가 됩니다.

RECIPE

Preparations   재료 | 식빵 1쪽, 바나나 1개, 땅콩버터 2Ts, 메이플 시럽 2Ts, 견과류 5개, 계핏가루 약간

01 바나나는 1cm 두께로 썰고, 견과류는 다진다.

02 중간 불로 달군 팬에 식빵을 굽는다.

03 약한 불로 달군 팬에 바나나를 앞뒤로 구운 뒤 메이플 시럽을 넣고 졸인다.

04 식빵에 땅콩버터를 바른다.

05 구운 바나나를 얹고 계핏가루와 견과류를 뿌린다.

Tip
- 견과류는 취향에 맞게 골라주세요. 저는 아몬드와 호두를 사용했어요.
- 익은 바나나에 거부감이 든다면 생바나나를 얹고, 메이플 시럽을 뿌려도 좋아요.

KOREAN MELON & CUCUMBER SANDWICH
참외 오이 샌드위치

오이와 크림치즈의 조합은 너무나 유명하지요.
여기에 참외를 추가해서 부족한 단맛을 채워주었어요.
색 조합도 너무나 예쁘답니다.

RECIPE

Preparations

재료 | 통밀 식빵 1쪽, 참외 1/2개, 오이 1/3개, 소금 1/2ts

소스 | 두유 치즈(22쪽 참조) 2Ts, 후추 약간

01 오이는 모양대로 얇게 편 썰고, 참외는 반으로 갈라 씨를 파낸 뒤 얇게 편 썬다.

02 오이와 참외는 소금에 절인다.

03 절인 오이와 참외는 물기를 짜낸다.

04 통밀 식빵에 두유 치즈를 바른다.

05 절인 오이와 참외를 얹는다.

06 후추를 뿌린다.

Tip
- 오이와 참외는 최대한 얇게 썰어야 빨리 절일 수 있고 꼬들꼬들한 식감도 살아요.
- 두유 치즈 대신 마요네즈를 얇게 발라주어도 좋아요.

BRUSCHETTA
브루스케타

바삭하게 구워낸 바게트에 부드러운 크림치즈를 바르고
방울토마토와 발사믹 크림으로 상큼함을 더했어요.
다양한 식감이 매력적인 샌드위치랍니다.

RECIPE

Preparations

재료 | 바게트 1/2개, 방울토마토 8개, 바질 2장, 발사믹 크림 1Ts

소스 | 두유 치즈(22쪽 참조) 3Ts, 바질 페스토 1Ts

01 바게트는 1cm 두께로 썬다.

02 방울토마토는 4등분한다.

03 분량의 소스를 섞는다.

04 중간 불로 달군 팬에 기름을 두르고 바게트를 굽는다.

05 바게트에 소스를 바른다.

06 방울토마토, 바질, 발사믹 크림을 얹는다.

APPLE & CHESSE SANDWICH
사과 치즈 샌드위치

사과와 브리 치즈의 조합은 유명하지요.
브리 치즈 대신 비건 모차렐라 치즈를 활용했어요.
사과의 아삭함과 치즈의 풍미가 잘 어울립니다.

RECIPE

Preparations

재료 | 바게트 1/4개, 사과 1/2개, 모차렐라 치즈 50g, 루콜라 1줌, 견과류 6개

소스 | 오렌지잼 2Ts, 메이플 시럽 1Ts

01 사과와 모차렐라 치즈는 0.3cm 두께로 편 썰고, 견과류는 다진다.

02 바게트는 가로로 반 자른다.

03 바게트에 오렌지잼을 바른다.

04 루콜라, 사과, 치즈를 얹는다.

05 견과류를 얹고 메이플 시럽을 뿌린다.

Tip

견과류는 좋아하는 것으로 사용하세요. 저는 호두와 아몬드를 사용했어요.

CHIPOTLE MUSHROOM SANDWICH

치폴레 버섯 샌드위치

느타리버섯은 발사믹 글레이즈와 궁합이 아주 좋아요.
여기에 치폴레 마요네즈를 더하면 입이 즐거운 샌드위치가 돼요.

RECIPE

Preparations

재료 | 호밀빵 1/8개(2쪽), 양송이버섯 2개, 느타리버섯 1줌, 루콜라 1줌, 파르메산 치즈가루 약간, 크러시드 레드 페퍼 약간, 발사믹 글레이즈 1Ts, 올리브오일 1Ts

소스 | 치폴레 마요네즈 2Ts

01 중간 불로 달군 팬에 호밀빵을 굽는다.

02 느타리버섯은 먹기 좋게 찢고, 양송이버섯은 0.5cm 두께로 편 썬다.

03 중간 불로 달군 팬에 올리브오일을 두르고 버섯을 볶는다.

04 버섯이 익으면 불을 끄고, 발사믹 글레이즈를 넣어 잔열로 볶는다.

05 호밀빵에 치폴레 마요네즈를 바른다.

06 루콜라와 버섯을 얹고 파르메산 치즈가루와 크러시드 레드 페퍼를 뿌린다.

Tip

치폴레 마요네즈를 구하기 어렵다면 일반 마요네즈를 바르고 크러시드 레드 페퍼를 많이 뿌려주세요.

SUMMER FRUITS TOAST
여름 과일 토스트

여름을 대표하는 과일인 복숭아와 살구로 만든 샌드위치예요.
구워낸 과일과 허브의 조합에
무더위로 사라진 입맛이 다시 돌아온답니다.

RECIPE

Preparations

재료 | 호밀빵 1/8개(2쪽), 살구 2개, 천도 복숭아 2개, 바질 2장, 후무스(23쪽 참조) 4Ts, 치아시드 1/2Ts

소스 | 메이플 시럽 1Ts

01 살구와 천도복숭아는 씨앗을 제거하고 4등분한다. 바질은 채 썬다.

02 센 불로 달군 그릴팬에 살구와 복숭아를 앞뒤로 굽는다.

03 중간 불로 달군 팬에 호밀빵을 굽는다.

04 호밀빵에 후무스를 얹는다.

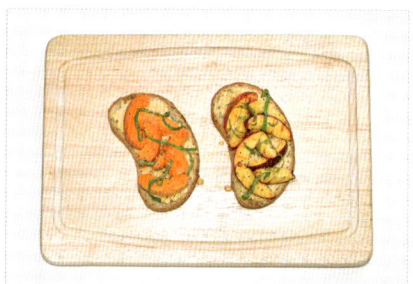

05 구운 과일과 바질을 얹고, 메이플 시럽과 치아시드를 뿌린다.

Tip

과일을 구우면 단맛이 강해지니 생과일을 사용할 경우 메이플 시럽을 2Ts로 늘려주세요.

WAVE TOAST
웨이브 토스트

유명한 카페에 가면 메뉴판에 꼭 있다는 그 메뉴예요.
다양한 잼이나 천연 분말을 활용하여
개성 넘치는 나만의 웨이브 토스트를 만들어보세요.

RECIPE

Preparations 　재료 | 식빵 2쪽, 두유 치즈(22쪽 참조) 5Ts, 딸기잼 3Ts, 블루베리잼 1Ts, 치자가루 1/3Ts

01 두유 치즈는 곱게 갈아 부드럽게 만든다.

02 치즈 1Ts를 덜어두고 나머지는 반으로 나눠 각각 블루베리잼과 치자가루를 섞는다.

03 중간 불로 달군 팬에 식빵을 굽는다.

04 식빵 한 쪽은 잼을 듬뿍 바른다.

Tip
균일하게 모양내기 어렵다면 색을 낸 치즈를 빵에 듬성듬성 얹은 뒤 얇은 숟가락으로 한 번에 펴 발라주세요. 마치 수채화물감으로 그린 듯한 모양을 낼 수 있습니다.

05 다른 식빵 한 쪽으로 덮은 뒤 덜어둔 치즈 1Ts를 곱게 펴 바른다.

06 블루베리잼과 치자가루를 섞은 치즈를 작은 숟가락으로 덜어 번갈아가며 바른다.

ORANGE ARUGULA SANDWICH
오렌지 루콜라 샌드위치

쌉싸름한 루콜라와 상큼한 오렌지의 조합에 입맛이 돌아요.
자몽, 귤 등 감귤류 과일로 다양하게 활용할 수 있는 레시피랍니다.

RECIPE

Preparations

재료 | 호밀빵 1/8개, 오렌지 1개, 루콜라 1줌, 아몬드 6개

소스 | 오렌지 마멀레이드 3Ts

01 껍질을 제거한 오렌지는 과육만 벗겨 낸다.

02 호밀빵은 1cm 두께로 썬다.

03 호밀빵에 오렌지 마멀레이드를 바른 다.

04 루콜라, 오렌지, 아몬드를 얹는다.

Tip { 오렌지 마멀레이드는 오렌지잼, 귤잼 등 상큼한 잼 종류로 대체 가능해요.

FRENCH TOAST
프렌치토스트

구하기 힘든 비건 버터 없이 만드는 프렌치토스트예요.
고소한 귀리가루를 사용해 잼이나 소스 없이도 맛있어요.

Preparations

재료 | 통밀 식빵 2쪽, 제철 과일 1줌, 어린잎 1줌

반죽 재료 | 두유 4Ts, 코코넛오일 2/3Ts, 메이플 시럽 2/3Ts, 귀리가루 1Ts, 소금 약간

01 분량의 반죽 재료를 고르게 섞는다.

02 통밀 식빵에 반죽을 골고루 바른다.

03 중약불로 달군 팬에 기름을 얇게 두르고 통밀 식빵을 굽는다.

04 빵이 노릇해지면 접시에 옮겨 담고, 과일과 어린잎을 곁들인다.

CORN CHEESE TOAST
콘치즈 토스트

전국민 인기 간식 콘치즈를 바게트 위에 올렸어요.
치즈를 옥수수 아래에 놓고 살짝 그을리듯 굽는 게 포인트입니다.

RECIPE

Preparations

재료 | 바게트 1/2개, 슬라이스 체더 치즈 1장, 캔 옥수수 1/2캔

옥수수 샐러드 드레싱 | 마요네즈 2Ts, 설탕 1/2Ts, 후추 약간, 파슬리가루 약간

01 바게트는 2cm 두께로 썬다.

02 캔 옥수수는 체에 받쳐 물기를 제거한다.

03 캔 옥수수에 분량의 옥수수 샐러드 드레싱을 섞는다.

04 바게트에 체더 치즈 1/4장을 얹는다.

05 옥수수 샐러드를 얹는다.

06 185℃로 예열한 오븐에서 5~7분간 굽는다.

Tip

동일한 온도의 에어프라이어에서 구워도 좋아요.

115

Vegan
Sandwich

PART 4
그릴 샌드위치

EGGPLANT & SWEET POTATO PANINI
가지 고구마 파니니

으깬 고구마에 치즈를 듬뿍 넣었어요.
빵 위에 무심하게 올라간 가지 1조각이 매력 포인트랍니다.

RECIPE

Preparations

재료 | 호밀빵 1/4개(4쪽), 가지 1개, 고구마 2개, 파르메산 치즈가루 20g

데리야키 소스 | 간장 1Ts, 설탕 1/2Ts, 맛술 1Ts

01 가지 1/2개는 7cm 길이로 편 썰고, 1/2개는 모양대로 편 썬다.

02 고구마는 끓는 물에 15분간 삶아 으깬 뒤 파르메산 치즈가루를 넣어 섞는다.

03 중간 불로 달군 팬에 기름을 두른 뒤 길이로 편 썬 가지와 분량의 데리야키 소스를 넣어 졸인다.

04 호밀빵에 고구마와 졸인 가지를 얹고 빵을 덮는다.

05 센 불로 달군 그릴팬에 샌드위치를 얹고, 모양대로 편 썬 가지를 올려 3분간 굽는다.

HARDY PLANTS PANINI
구황작물 파니니

고구마와 단호박 그리고 양파의 단맛이 치즈의 짠맛과 만났어요.
단짠단짠 중독적인 맛을 즐겨보세요.

RECIPE

Preparations

재료 | 식빵 2쪽, 고구마 1개, 단호박 1/8개, 양파 1/4개, 슬라이스 체더 치즈 1장

소스 | 무화과잼 1Ts, 두유 치즈(22쪽 참조) 1Ts

01 양파는 채 썰고, 고구마와 단호박은 끓는 물에 15분간 쪄낸 뒤 0.5cm 두께로 편 썬다.

02 중간 불로 달군 팬에 기름을 두르고 고구마와 단호박을 노릇하게 굽는다.

03 약한 불로 달군 팬에 기름을 두르고 양파가 황금빛 갈색이 날 때까지 10분 이상 볶는다.

04 식빵 한 쪽에는 두유 치즈를, 다른 한 쪽에는 무화과잼을 바른다.

05 고구마, 단호박, 구운 양파, 체더 치즈를 얹고 빵을 덮는다.

06 센 불로 달군 그릴팬에 3분간 굽는다.

Tip

- 양파는 타지 않도록 약한 불에서 오랜 시간 볶아주세요.
- 두유 치즈 대신 체더 치즈를 2장 겹쳐 사용해도 좋아요.
- 무화과잼을 대체하려면 신맛이 없는 잼을 사용하세요. 사과잼을 추천합니다.

VEGETABLES SANDWICH
그릴 베지 샌드위치

파프리카, 가지, 애호박을 그릴에 노릇하게 구워 단맛을 살렸어요.
채소 고유의 맛을 살릴 수 있도록 은은한 바질 마요네즈를 곁들였습니다.

Preparations

재료 | 호밀빵 1/8개(2쪽), 가지 1/4개, 애호박 1/5개, 양파 1/3개, 빨강·주황·노랑 파프리카 1/4개씩, 올리브오일 2Ts

소스 | 마요네즈 1+1/2Ts, 바질 페스토 1/2Ts

01 파프리카는 1cm 두께로 채 썰고, 양파는 0.5cm 두께로 채 썬다. 애호박과 가지는 0.3cm 두께로 편 썬다.

02 분량의 소스를 섞는다.

03 센 불로 달군 그릴팬에 올리브오일을 두르고 채소를 굽는다.

04 센 불로 달군 그릴팬에 호밀빵을 굽는다.

05 호밀빵에 소스를 바른다.

06 구운 채소를 얹고 빵을 덮는다.

RATATOUILLE SANDWICH
라따뚜이 샌드위치

라따뚜이 영화 속 메뉴를 재현했어요.
채소 본연의 담백함을 느낄 수 있는 샌드위치랍니다.

Preparations

재료 | 바게트 1/2개, 애호박 1/3개, 가지 1/3개, 토마토 1개

소스 | 토마토 소스 4Ts, 올리브오일 2Ts, 소금 약간, 후추 약간

01 가지, 애호박, 토마토는 0.3cm 두께로 편 썬다.

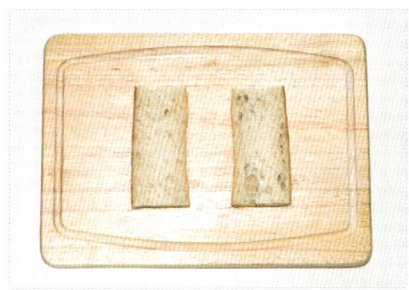

02 바게트는 가로로 반 자른다.

03 바게트에 토마토 소스를 바른다.

04 애호박, 토마토, 가지 순으로 차곡차곡 얹고 올리브오일, 소금, 후추를 뿌린다.

05 200℃로 예열한 오븐에 5~7분간 굽는다.

Tip

오븐에 굽는 게 번거롭다면 올리브오일을 두른 팬에 채소를 구워 빵 위에 얹어주세요.

MALA SANDWICH
마라 샌드위치

버섯과 채소를 마라 소스에 볶았어요.
얼얼한 마라를 달콤한 땅콩버터가 보듬어주어요.

RECIPE

Preparations

재료 | 통밀 식빵 2쪽, 가지 1/2개, 미니 새송이버섯 4개, 양송이버섯 1개, 빨강 파프리카 1/4개, 피망 1/4개, 청경채 4장, 올리브오일 2Ts

마라 소스 | 마라 훠궈 소스 1Ts, 라조장 1/2Ts, 올리고당 1/4Ts, 화조유 1/4Ts

소스 | 땅콩버터 2Ts

01 가지와 버섯은 0.3cm 두께로 편 썰고, 파프리카와 피망은 0.3cm 두께로 채 썬다.

02 중간 불로 달군 팬에 올리브오일을 두르고 가지를 굽는다.

03 중간 불로 달군 팬에 올리브오일을 두르고 버섯, 파프리카, 피망을 볶는다.

04 분량의 마라 소스를 넣어 볶는다.

05 통밀 식빵에 땅콩버터를 바른다.

06 구운 가지와 볶은 재료, 청경채를 얹고 빵을 덮는다.

07 센 불로 달군 그릴팬에 3분간 굽는다.

GRILLED BACON SANDWICH
베이컨 그릴 샌드위치

모차렐라 치즈와 가지 베이컨을 듬뿍 넣었어요.
양파를 오래 볶아 깻잎 페스토의 부족한 단맛을 채웠습니다.

RECIPE

Preparations

재료 | 올리브 치아바타 1개, 양파 1/3개, 토마토 1개, 가지 베이컨(20쪽 참조) 8개, 모차렐라 치즈 30g

소스 | 깻잎 페스토(21쪽 참조) 4Ts

01 양파는 얇게 채 썰고, 토마토는 0.5cm 두께로 편 썬다.

02 약한 불로 달군 팬에 기름을 두르고 양파가 황금빛 갈색이 될 때까지 볶는다.

03 치아바타는 가로로 반 자른다.

04 치아바타에 깻잎 페스토를 바른다.

05 볶은 양파, 모차렐라 치즈, 토마토, 가지 베이컨을 얹고 빵을 덮는다.

06 센 불로 달군 그릴팬에 3분간 굽는다.

BROCCOLIFLOWER SANDWICH
브로콜리플라워 샌드위치

색색의 콜리플라워와 브로콜리를 사용했어요.
다른 소스 없이 치즈의 풍미를 살렸습니다.

RECIPE

Preparations

재료 | 올리브 치아바타 1개, 브로콜리 20g, 색색의 콜리플라워 100g, 모차렐라 치즈 100g

양념 | 소금 1/2ts, 후추 1/4ts, 올리브오일 1Ts

01 브로콜리와 콜리플라워는 끓는 물에 5분간 삶은 뒤 한입 크기로 썬다.

02 브로콜리와 콜리플라워에 분량의 양념을 섞는다.

03 치아바타는 가로로 반 자른다.

04 모차렐라 치즈, 브로콜리, 콜리플라워, 모차렐라 치즈 순으로 얹는다.

Tip

발사믹 식초 1Ts, 올리브오일 1Ts를 섞은 드레싱에 찍어 먹으면 더욱 맛있어요.

05 180℃로 예열한 오븐에 10~15분간 굽는다.

BRAISED APPLES CHEESE SANDWICH

사과조림 치즈 샌드위치

달콤하게 졸인 사과에 짭짤한 치즈를 더한 마성의 단짠단짠 샌드위치예요.
따뜻한 차와 함께 먹으면 잘 어울립니다.

RECIPE

Preparations

재료 | 소프트 바게트 1개, 사과 1/2개, 모차렐라 치즈 20g, 슬라이스 체더 치즈 1장

사과조림 양념 | 백설탕 3Ts, 황설탕 1Ts

01 사과는 4등분한 뒤 0.2cm 두께로 썬다.

02 중약 불로 달군 팬에 사과와 분량의 사과조림 양념을 넣고 졸인다.

03 1cm 두께로 썬 바게트에 모차렐라 치즈와 체더 치즈를 얹고 빵을 덮는다.

04 센 불로 달군 그릴팬에 3분간 구운 뒤 사과조림을 곁들인다.

SANDWICH PIZZA
샌드위치 피자

부드러운 단호박 무스와 톡톡 튀는 옥수수의 식감을 즐겨보세요.
식빵 대신 또띠아를 사용해도 좋아요.

RECIPE

Preparations

재료 | 식빵 2쪽, 단호박 1/2개, 3색 미니 파프리카 1/2개씩, 양파 1/10개, 캔 옥수수 2Ts, 파르메산 치즈가루 2Ts

단호박 무스 양념 | 마요네즈 1Ts, 후추 약간

소스 | 토마토 소스 4Ts

01 단호박은 끓는 물에 15분간 쪄낸 뒤 으깨어 분량의 단호박 무스 양념과 섞는다.

02 양파는 잘게 다지고, 미니 파프리카는 모양대로 0.3cm 두께로 편 썬다.

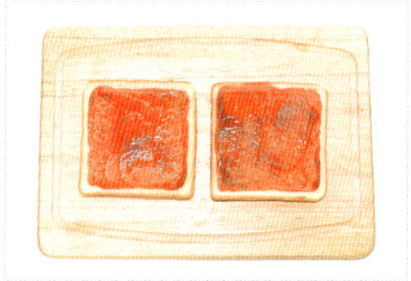

03 식빵에 토마토 소스를 바른다.

04 가장자리에 단호박 무스를 얹는다.

05 양파, 파프리카, 캔 옥수수를 얹고 파르메산 치즈가루를 뿌린다.

06 200℃로 예열한 오븐에 8~10분간 굽는다.

Tip

이 레시피는 단호박 대신 감자나 고구마를, 파프리카 대신 토마토나 바질을 사용하면 매번 색다르게 즐길 수 있습니다.

GRILLED AVOCADO SANDWICH
아보카도 그릴 샌드위치

매번 생으로만 먹던 아보카도를 구워보세요.
고소한 맛이 배가됩니다.

R E C I P E

Preparations

재료 | 바게트 1/2개, 아보카도 1/2개, 슬라이스 체더 치즈 1장

소스 | 토마토 소스 3Ts, 올리브오일 1Ts, 소금 약간, 후추 약간

01 바게트는 가로로 반 자르고, 아보카도는 1cm 두께로 편 썬다.

02 바게트에 토마토 소스를 바른다.

03 체더 치즈와 아보카도를 얹는다.

04 190℃로 예열한 오븐에 5분간 구운 뒤 올리브오일, 소금, 후추를 뿌린다.

Tip { 오븐에 구운 뒤 올리브오일, 소금, 후추를 꼭 뿌려주세요, 맛을 크게 좌우합니다.

UNLIMEAT PANINI

언리미트 파니니

깻잎 페스토에 언리미트 불고기를 더해 감칠맛이 돋보이는 레시피예요.
드문드문 씹히는 매콤한 할라피뇨가 포인트랍니다.

RECIPE

Preparations

재료 | 올리브 치아바타 1개, 언리미트 100g, 양파 1/2개, 할라피뇨 1개, 슬라이스 체더 치즈 1장

불고기 양념 | 진간장 1/2Ts, 설탕 1/4Ts, 올리고당 1/4Ts, 맛술 1/3Ts, 다진 마늘 1/3Ts, 참기름 1/3Ts, 후추 약간

소스 | 깻잎 페스토 2Ts

01 언리미트는 분량의 불고기 양념에 10분 이상 재워둔다.

02 양파는 채 썰고, 할라피뇨는 0.5cm 두께로 편 썬다.

03 치아바타는 가로로 반 자른다.

04 중간 불로 달군 팬에 기름을 두르고 양파와 언리미트를 볶는다.

05 치아바타에 깻잎 페스토를 바르고, 체더 치즈, 언리미트, 할라피뇨를 얹은 뒤 빵을 덮는다.

06 중간 불로 달군 그릴팬에 5분간 굽는다.

CROQUE MONSIEUR

크로크 무슈

베샤멜 소스 없이 마요네즈와 치즈만으로 맛을 냈어요.
중간에 씹히는 양송이버섯이 포인트랍니다.

RECIPE

Preparations

재료 | 식빵 2쪽, 양송이버섯 3개, 슬라이스 체더 치즈 1장, 모차렐라 치즈 1줌(15g), 파슬리가루 약간

소스 | 마요네즈 5Ts

01 양송이버섯은 0.5cm 두께로 편 썬다.

02 중간 불로 달군 팬에 기름을 두르고 양송이버섯을 볶는다.

03 식빵 한 쪽에는 체더 치즈를 얹고 가장자리에 마요네즈를 두른다. 다른 식빵 한 쪽에는 마요네즈를 바르고 모차렐라 치즈를 얹는다.

04 체더 치즈를 얹은 식빵 가운데에 볶은 양송이버섯을 얹는다.

05 모차렐라 치즈를 얹은 식빵으로 덮는다.

06 200℃로 예열한 오븐에 10분간 구운 뒤 파슬리가루를 뿌린다.

Vegan
Sandwich

PART 5
글루텐 프리 샌드위치

SWEET POTATO BURGER
고구마 버거

빵 대신 고구마로 버거를 만들었어요.
귀여운 모양에 맛도 좋답니다.

RECIPE

Preparations

재료 | 고구마 3개, 새송이버섯 1개, 방울토마토 2개, 양파 1/3개, 치커리 3장

소스 | 토마토 케첩 3Ts

01 고구마는 끓는 물에서 15분간 찐다.

02 고구마와 새송이버섯은 1cm 두께로, 방울토마토와 양파는 0.5cm 두께로 편 썬다.

03 중간 불로 달군 팬에 기름을 두르고 새송이버섯과 양파를 굽는다.

04 고구마에 토마토 케첩을 바른다.

05 치커리, 양파, 방울토마토, 새송이버섯을 얹고 고구마로 덮는다.

TOFU SANDWICH
두부 샌드위치

튀기듯 구워낸 두부를 빵으로 사용했어요.
두부의 쫄깃한 식감과 부드러운 떡갈비가 조화를 이루어요.
작은 크기로 만들면 이색 도시락 반찬으로도 좋아요.

Preparations

재료 | 두부 1/2모(200g), 비건 떡갈비 4개, 양파 1/3개, 토마토 1/2개, 로메인 4장

소스 | 치폴레 마요네즈 2Ts, 소금 1/3ts

01 두부는 1cm 두께로 편 썰어 소금을 뿌린 뒤 키친타월에 물기를 제거한다.

02 양파와 토마토는 0.5cm 두께로 편 썬다.

03 중간 불로 달군 팬에 기름을 넉넉히 두르고 두부를 튀기듯 굽는다.

04 중간 불로 달군 팬에 기름을 두르고 양파와 비건 떡갈비를 굽는다.

05 두부의 한 면에 치폴레 마요네즈를 바른다.

06 로메인, 토마토, 양파, 비건 떡갈비를 얹고 두부를 덮는다.

RICE SANDWICH
밥 샌드위치

패스트푸드점에서 인기 있는 라이스버거를 생각하며 만들었어요.
손으로 들고 먹기 편하도록 김으로 감싸주었습니다.

RECIPE

Preparations

재료 | 밥 1공기, 김 1+1/4장, 유부 1줌(10g), 당근 1/5개, 오이 1/3개, 빨강·노랑 파프리카 1/4개씩

밥 양념 | 소금 1/3Ts, 참기름 2Ts

유부 양념 | 간장 1/2Ts, 설탕 1/3Ts, 다진 마늘 1/4Ts, 참기름 1/3Ts

01 당근, 오이, 파프리카는 6cm 길이로 채 썬다.

02 밥에 분량의 밥 양념을 넣고 섞는다.

03 유부에 분량의 유부 양념을 넣고 섞는다.

04 중간 불로 달군 팬에 유부를 볶는다.

05 도마에 랩을 깔고, 김 1장, 밥 1/2공기, 채 썬 재료, 볶은 유부, 밥 1/2공기 순으로 얹는다.

06 김 1/4장을 밥 위에 얹는다.

07 랩으로 동그랗게 모양을 잡아가며 싸맨다.

Tip
- 밥을 둥글게 뭉친 뒤 얹어주세요.
- 모양을 잡기 어렵다면 밥그릇에 랩을 깔고 재료를 순서대로 담은 뒤 감싸주세요.

UNWICH

언위치

빵 없이 속재료로만 만드는 샌드위치예요.
큼직한 팔라펠을 넣어 부족한 탄수화물과 단백질을 챙겼어요.

RECIPE

Preparations

재료 | 팔라펠(22쪽 참조) 1개, 적양배추 1/10개, 양파 1개, 토마토 1개, 케일 6장, 양상추 20장

소스 | 마요네즈 2Ts, 바비큐 소스 2Ts

01 적양배추는 채 썰고, 양파와 토마토는 0.5cm 두께로 편 썬다.

02 팔라펠은 넓적하게 만들어 튀겨 준비한다.

03 도마에 랩을 깔고, 케일 3장, 양상추 10장, 적양배추, 마요네즈를 얹는다.

04 팔라펠과 바비큐 소스를 얹는다.

05 양파와 토마토를 얹고 양상추 10장, 케일 3장으로 덮는다.

06 랩으로 꼼꼼히 감싼다.

Tip

- 케일 대신 다른 잎채소를 사용해도 좋아요. 케일이나 적겨자처럼 흐물거리지 않는 잎채소가 만들기 쉬워요.
- 모양을 잡기 어렵다면 밥그릇에 랩을 깔고 재료를 순서대로 담은 뒤 감싸주세요.

HASH BROWN SANDWICH
해시브라운 샌드위치

빵 대신 해시브라운을 사용했어요.
아삭한 파프리카와 피망이 식감을 더해줍니다.

RECIPE

Preparations

재료 | 해시브라운 2개, 비건 떡갈비 2개, 빨강·노랑 파프리카 1/2개씩, 피망 1/2개

소스 | 토마토 케첩 2Ts

01 파프리카와 피망은 1cm 폭으로 썬다.

02 중간 불로 달군 팬에 기름을 두르고 파프리카와 피망을 볶는다.

03 중간 불로 달군 팬에 기름을 두르고 떡갈비와 해시브라운을 굽는다.

04 해시브라운에 토마토 케첩을 바른다.

05 떡갈비, 파프리카, 피망을 얹고 해시브라운을 덮는다.

Tip

해시브라운에 기름을 바르지 않고 에어프라이어 190℃에서 12분간 구워주면 더 건강하게 드실 수 있어요.

153